Öffne das LÜK®-Kontrollgerät und lege die Plättchen in den unbedruckten Deckel. Jetzt kannst du auf den Plättchen und auf dem Geräteboden die Zahlen 1 bis 24 sehen.

Beispiel: auf Seite 2 „Steht dieser Satz genauso im Text oben?" Nimm das Plättchen 1, sieh dir Aufgabe 1 an: „Schaf nennt man nur das weibliche Tier." Die richtige Antwort ist: „nein". Neben der Lösung steht die 20. Die 20 ist auch die Feldzahl, auf die du das Plättchen im Kontrollgerät legen musst. Lege also das Plättchen 1 auf das Feld 20 im Geräteboden. Die Zahl 1 muss nach oben zeigen.

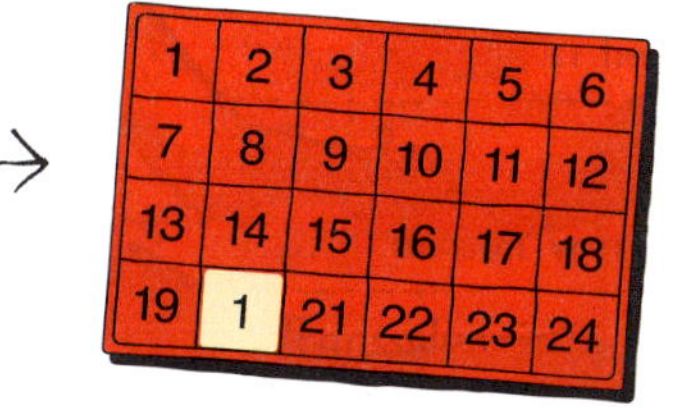

So arbeitest du weiter, bis alle Plättchen im Geräteboden liegen. Schließe dann das Gerät und drehe es um.

Öffne es von der Rückseite. Wenn du das bei der Übungsreihe abgebildete Lösungsmuster siehst, hast du alle Aufgaben richtig gelöst.

Passen einige Plättchen nicht in das Muster, dann hast du dort Fehler gemacht. Drehe diese Plättchen da, wo sie liegen, um, schließe das Gerät, drehe es um und öffne es wieder.

Jetzt kannst du sehen, welche Aufgaben du falsch gelöst hast. Nimm diese Plättchen heraus und suche die richtigen Ergebnisse. Kontrolliere dann noch einmal. Stimmt jetzt das Muster?

Das System ist für alle Übungen gleich: Die roten Aufgabennummern im Heft entsprechen immer den **LÜK**-Plättchen aus dem Kontrollgerät. Die Zahlen hinter den Lösungen sagen dir, auf welche Felder des Kontrollgerätes du die Plättchen legen musst.

Und nun viel Spaß!

2

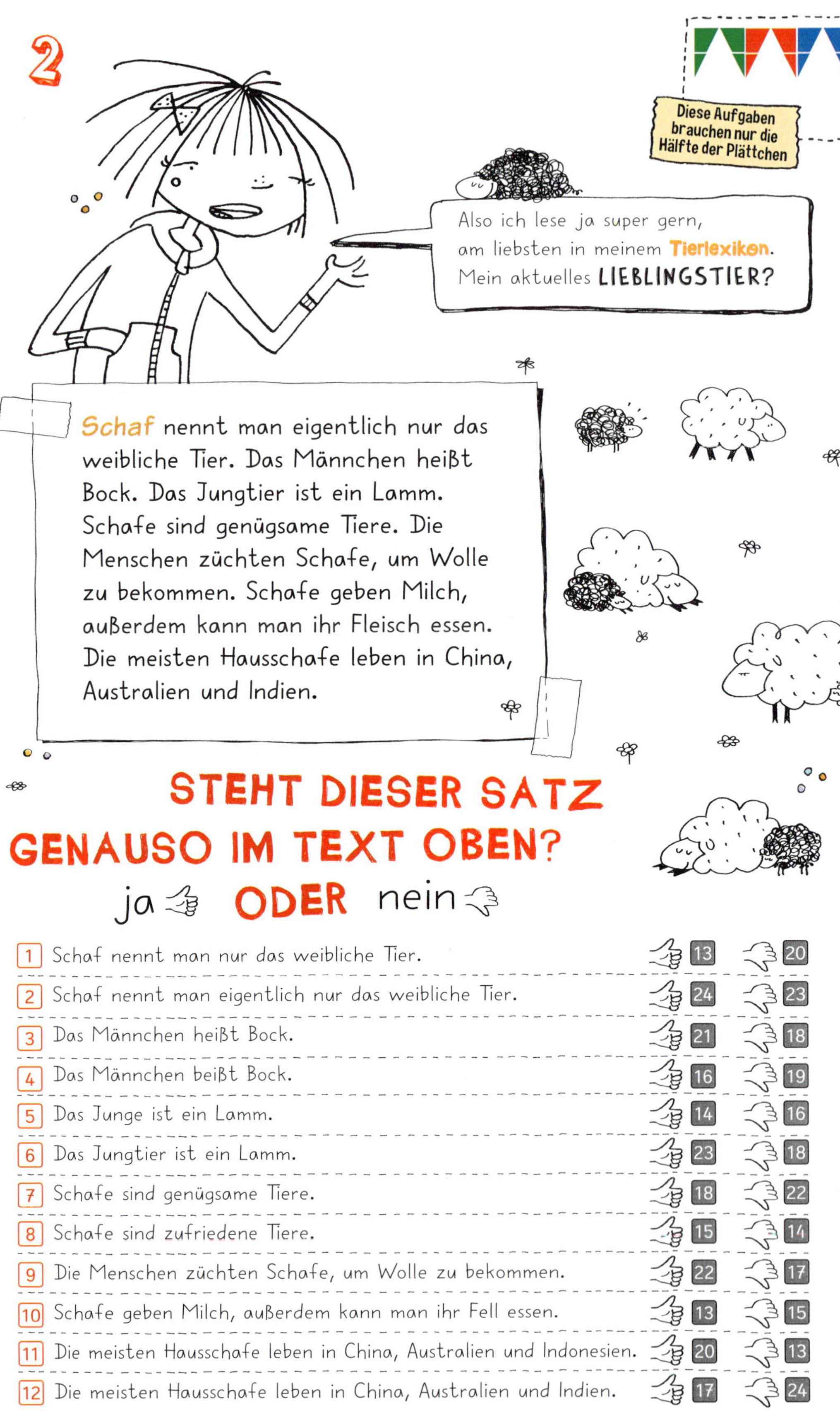

Schaf nennt man eigentlich nur das weibliche Tier. Das Männchen heißt Bock. Das Jungtier ist ein Lamm. Schafe sind genügsame Tiere. Die Menschen züchten Schafe, um Wolle zu bekommen. Schafe geben Milch, außerdem kann man ihr Fleisch essen. Die meisten Hausschafe leben in China, Australien und Indien.

STEHT DIESER SATZ GENAUSO IM TEXT OBEN?

ja **ODER** nein

Nr.	Satz	ja	nein
1	Schaf nennt man nur das weibliche Tier.	13	20
2	Schaf nennt man eigentlich nur das weibliche Tier.	24	23
3	Das Männchen heißt Bock.	21	18
4	Das Männchen beißt Bock.	16	19
5	Das Junge ist ein Lamm.	14	16
6	Das Jungtier ist ein Lamm.	23	18
7	Schafe sind genügsame Tiere.	18	22
8	Schafe sind zufriedene Tiere.	15	14
9	Die Menschen züchten Schafe, um Wolle zu bekommen.	22	17
10	Schafe geben Milch, außerdem kann man ihr Fell essen.	13	15
11	Die meisten Hausschafe leben in China, Australien und Indonesien.	20	13
12	Die meisten Hausschafe leben in China, Australien und Indien.	17	24

Schafe haben Mama, Papa, meine Blödbrüder und ich auf dem Bauernhof getroffen, wo wir in diesem Jahr Ostern verbracht haben. Und zwar jede Menge! Das war **ziemlich toll**. Der Hof ***selber*** aber auch. Ich ***hab*** sogar noch einen **PROSPEKT** hier rumliegen.

Urlaub auf dem Bauernhof ist für Eltern und Kinder eine wunderbare Zeit. Während Sie, die Eltern, die Ruhe genießen, entdecken Ihre Kinder das spannende Leben auf dem Bauernhof. Pferde, Schafe, Ziegen, Kaninchen, Katzen und Hunde und noch viele andere Tiere dürfen gestreichelt, gefüttert und liebevoll versorgt werden. Ein unvergessliches Erlebnis!

GIBT ES DIESE TIERE AUF DEM BAUERNHOF?

		👍	👎
13	Qualle	10	8
14	Katze	12	7
15	Geier	5	10
16	Ziege	7	6
17	Pferd	6	9
18	Kaninchen	9	2
19	Panda	4	5
20	Schaf	2	3
21	Nymphensittich	11	4
22	Schildkröte	3	11
23	Hund	1	8
24	Orang-Utan	12	3

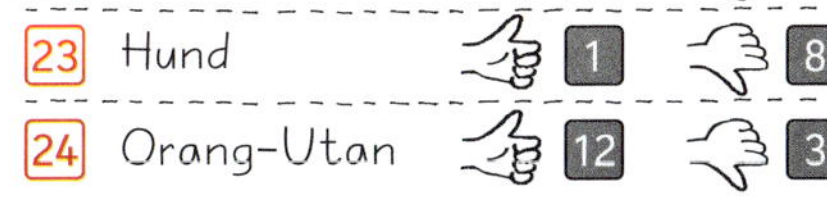

4

Der Großglockner hat eine Höhe von 3.798 m und liegt in den Hohen Tauern. Das ist genau an der Grenze zwischen Kärnten und Osttirol. Auf dem Bild erkennt man, dass er den höchsten Gipfel hat. Die umliegenden Berge gehören zur sogenannten Glocknergruppe.

STIMMT DAS?

Nr.	Aussage	👍	👎
1	Der Großglockner hat eine Höhe von 3.987 m und liegt in den Hohen Tauern.	24	19
2	Der Großglockner hat eine Höhe von 3.798 m und liegt in den Hohen Tauern.	22	21
3	Der Großglockner hat eine Höhe von 3.798 m und liegt in den Hohen Tannen.	20	24
4	Das ist genau an der Grenze zwischen Kärnten und Obsttirol.	17	20
5	Das ist genau an der Grenze zwischen Kanten und Trosttirol.	16	17
6	Das ist genau an der Grenze zwischen Kärnten und Osttirol.	21	13
7	Auf dem Bild erkennt man, dass er den höchsten Griffel hat.	23	16
8	Auf dem Bild erkennt man, dass er den höchsten Gipfel hat.	13	14
9	Auf dem Bild erkennt man, dass er den höchsten Kipfel hat.	22	23
10	Die umliegenden Berge gehören zur sogenannten Glocknergruppe.	18	19
11	Die umliegenden Berge gehören zur sogenannten Glockengruppe.	15	14
12	Die umliegenden Berge gehören zur sogenannten Glöcknergruppe.	18	15

Nachdem wir das überlebt hatten, brauchten wir ganz viel Pflaster, Kuchen … und **PAPA** dringend ein neues Hobby. Apropos Hobby …

Ein Hobby ist etwas, was man in seiner freien Zeit besonders gerne macht. Man macht es freiwillig und regelmäßig, zum Spaß oder zur Entspannung. Das Wort dafür kommt vom englischen Wort „hobby horse". Das heißt übersetzt Steckenpferd. Kinder spielten damit früher Pferdereiten. In Deutschland sagen deshalb manche Leute immer noch Steckenpferd anstatt Hobby. Manche Menschen betreiben ihr Hobby so intensiv, dass sie darin besonders gut werden. Manche Menschen machen ihr Hobby sogar zum Beruf.

13 Ein Hobby macht Spaß 7 keinen Spaß 4

14 Es dient der Anspannung 6 Entspannung 10

15 Hobby kommt aus dem Englischen 11 Estnischen 9

16 Hobby heißt übersetzt Stecknadel 2 Steckenpferd 8

Nr.	Aussage	stimmt	stimmt nicht
17	Ein Hobby betreibt man nur in den Ferien.	10	4
18	Ein Hobby macht man nur einmal.	3	12
19	Manchmal kann das Hobby zum Beruf werden.	3	7
20	Kinder spielten früher mit dem Steckenpferd Verstecken.	12	1
21	Hobby kommt von „hobby horse".	5	9
22	Ein Hobby betreibt man regelmäßig.	9	5
23	Ein Hobby ist immer unfreiwillig.	8	2
24	In einem Hobby kann man nie gut werden.	11	6

Apropos **Hobby**. Woran erkennt man, dass Flötespielen nicht zu meinen Hobbys zählt? **GENAU!** Ich mache es weder freiwillig noch gut, ganz egal wie lange ich übe. Mein Hobby sind **Tiere**! Und **meine Freunde**.

Freundschaft ist eine Beziehung zwischen Menschen. Freunde mögen einander und machen etwas gemeinsam. Was genau Freundschaft bedeutet, kann für Menschen verschieden sein. Meist beginnt eine Freundschaft damit, dass sich zwei Menschen einfach mögen. Oft wissen sie nicht einmal genau, weshalb. Wenn sie miteinander reden oder irgendwelche Dinge tun, kann daraus gegenseitiges Vertrauen wachsen. Sie helfen sich dann gegenseitig und behalten Geheimnisse für sich, wenn das so abgemacht ist.

STIMMT DAS?

1	Freunde helfen sich gegenseitig.	5	4
2	Freunde verraten alle Geheimnisse.	6	1
3	Freundschaft braucht Vertrauen.	4	2
4	Freundschaft ist für alle Menschen gleich.	10	6
5	Menschen wissen immer, warum sie sich mögen.	8	10
6	Mit Freunden kann man gemeinsame Dinge tun.	2	12
7	Freundschaft ist eine Beziehung zwischen Säugetieren.	3	8
8	Freunde mögen einander.	12	7
9	Freunde haben immer die gleiche Haarfarbe.	9	3
10	Freundschaft gibt es auch zwischen Menschen, die sich nicht mögen.	11	9
11	Freunde sprechen nicht miteinander.	1	11
12	Freunde behalten Geheimnisse.	7	5

CHEYENNE, meine allerbeste Freundin, seit schon immer, ist super lustig, mutig und mag die gleichen Dinge wie ich. Tiere, die gleichen Spiele und ERDNUSSBUTTER!

Die Erdnuss ist eigentlich keine Nuss, sondern gehört zu den Hülsenfrüchten. Sie kommt ursprünglich aus Südamerika und reift direkt in der Erde. Wie bei den Nüssen steckt die Erdnuss-Frucht aber in einer harten Schale und sieht anderen Nüssen auch ähnlich. Vor dem Verzehr sollte man Erdnüsse rösten. Aus den meisten Erdnüssen wird Öl gepresst. Dazu braucht es keine Röstung. Erdnüsse werden außerdem zu verschiedenen Nahrungsmitteln wie Erdnussflips verarbeitet.

STIMMT DAS?

13 Die Erdnuss gehört zu den
Samen 14 Nüssen 16 Hülsenfrüchten 18

14 Aus Erdnüssen wird
Erdbeermarmelade 18 Öl 14 Wandfarbe 15.

15 Die Erdnussfrucht steckt in einer
harten 16 weichen 17 porösen 22 Schale.

16 Erdnüsse wachsen
am Baum 15 am Strauch 13 in der Erde 17.

Nr.	Aussage	👍	👎
17	Erdnüsse darf man nicht rösten.	20	19
18	Die Erdnuss sieht anderen Nüssen ähnlich.	15	21
19	Erdnüsse kann man direkt vom Strauch essen.	23	20
20	In Erdnussflips sind keine Erdnüsse.	24	23
21	Die wenigsten Erdnüsse werden zu Öl gepresst.	22	21
22	Erdnüsse reifen in der Erde.	13	23
23	Erdnüsse sind mit den Haselnüssen verwandt.	16	24
24	Erdnüsse kommen ursprünglich aus Südamerika.	22	18

Mein Freund PAUL mag lieber Kekse. Paul sieht super nett aus und trägt eine Brille.

STIMMT DAS?

1 Eine Brille hilft Menschen gut auszusehen.  👍 20 👎 23

2 Eine Brille hilft Menschen gut zu sehen.  👍 21 👎 24

3 Eine Brille besteht aus zwei Gläsern.  👍 20 👎 14

4 Eine Brille besteht aus drei Gläsern.  👍 22 👎 24

5 Das Gestell ist meist aus Kunststoff oder Glas.  👍 16 👎 14

6 Das Gestell ist meist aus Kunststoff oder Metall.  👍 22 👎 18

7 Das Gestell ist meist aus Holz oder Metall.  👍 19 👎 16

8 Man trägt die Brille auf der Nase. 👍 18 👎 13

9 Eine Brille hat Bügel. 👍 19 👎 17

10 Eine Brille hat Brüder. 👍 15 👎 13

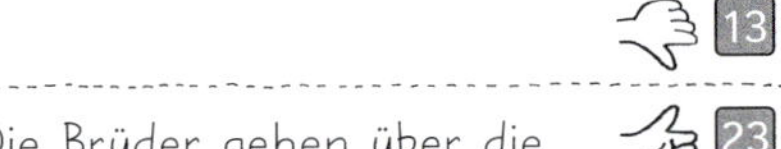

11 Die Brüder gehen über die Ohren. 👍 23 👎 17

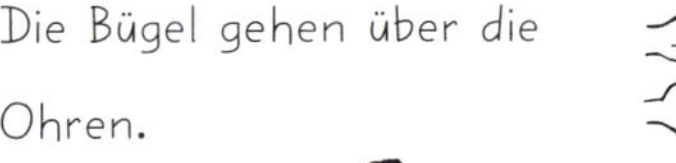

12 Die Bügel gehen über die Ohren. 👍 15 👎 20

Eine Brille hilft Menschen gut zu sehen, wenn die eigenen Augen das nicht alleine schaffen. Eine Brille besteht aus zwei Gläsern, die das Sehen verbessern und einem Rahmen oder Gestell, in dem sich die Gläser befinden. Das Gestell ist meist aus Kunststoff oder Metall. Man trägt die Brille vor den Augen auf der Nase. Sie hat Bügel, die über die Ohren gehen, damit die Brille nicht herunterfallen kann.

WELCHE STERNBILDER GIBT ES WIRKLICH?

Ein Sternbild entsteht, wenn man bestimmte Sterne am Himmel mit einer Linie verbindet. Die Sterne sind verschieden hell. Die Abstände, die sie voneinander haben, bleiben immer gleich. Deshalb konnten sich die Menschen ziemlich einfach Sternbilder ausdenken und sie zeichnen. Bekannte Sternbilder sind großer und kleiner Wagen, Cassiopeia, Andromeda, Fuhrmann, Schwan und die Tierkreiszeichen, die wir unter anderem von den Horoskopen her kennen.

Nr.		👍	👎
13	Kleiner Wagen	12	8
14	Großer Panda	11	10
15	Großer Wagen	8	3
16	Schildkröte	7	11
17	Cassiopeia	3	5
18	Indische Blockflöte	4	7
19	Goldener Zahn	9	4
20	Andromeda	5	1
21	Fuhrmann	1	6
22	Horst die Wurst	2	9
23	Schwan	6	12
24	Nacktmull	10	2

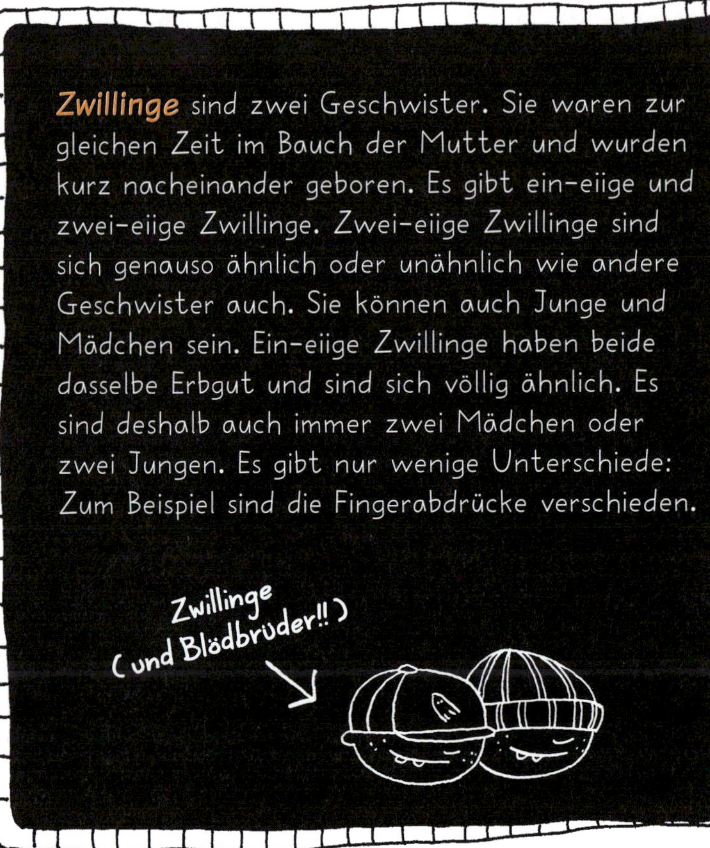

Zwillinge sind zwei Geschwister. Sie waren zur gleichen Zeit im Bauch der Mutter und wurden kurz nacheinander geboren. Es gibt ein-eiige und zwei-eiige Zwillinge. Zwei-eiige Zwillinge sind sich genauso ähnlich oder unähnlich wie andere Geschwister auch. Sie können auch Junge und Mädchen sein. Ein-eiige Zwillinge haben beide dasselbe Erbgut und sind sich völlig ähnlich. Es sind deshalb auch immer zwei Mädchen oder zwei Jungen. Es gibt nur wenige Unterschiede: Zum Beispiel sind die Fingerabdrücke verschieden.

STIMMT DAS?

		👍	👎
1	Zwillinge sind drei Geschwister.	21	23
2	Zwillinge sind zwei Geschwister.	19	24
3	Ein-eiige Zwillinge sehen sich nicht ähnlich.	20	21
4	Ein-eiige Zwillinge sehen sich ähnlich.	24	16
5	Zwei-eiige Zwillinge können ein Junge und ein Mädchen sein.	16	18
6	Zwei-eiige Zwillinge sind immer zwei Mädchen oder zwei Jungen.	14	20
7	Zwillinge haben immer die gleichen Fingerabdrücke.	15	14
8	Ein-eiige Zwillinge haben beide dasselbe Erbgut.	18	22
9	Zwillinge wachsen zeitgleich im Bauch der Mutter.	22	13
10	Bei zwei-eiigen Zwillingen ist der Junge älter als das Mädchen.	17	15
11	Zwei-eiige Zwillinge sind sich völlig ähnlich.	23	17
12	Zwillinge werden kurz hintereinander geboren.	13	19

Also meine **Blödbrüder** sind auf **JEDEN FALL EIN-EIIG**. Woher ich das weiß? Weil sie absolut gleich NERVIG sind. Ihre Lieblingsspielzeuge sind Weltraumpistolen und Laserschwerter.

Das Laserschwert wird von den Jedi und den Sith verwendet. Man nennt es auch Lichtschwert. Es besteht aus einem etwa 30 Zentimeter langen Griff. Es soll fast alle bekannten Materialien schneiden können. Die Farbe eines Lichtschwerts wird durch einen Kristall im Griff bestimmt. Sie leuchten in verschiedenen Farben. Lichtschwerter verursachen brummende Geräusche.

STIMMT DAS?

13 Laserschwerter werden von den Joli und den Sith verwendet.

10
12

14 Lichtschwerter leuchten alle grün.

11
8

15 Sie bestehen aus einem etwa 3 cm langen Griff.

1
10

16 Sie sollen fast alle bekannten Materialien schneiden.

11
9

17 Lichtschwerter machen keine Geräusche.

2
1

18 Lichtschwerter werden von den Jedi und den Sith verwendet.

9
5

19 Sie verursachen ein Brummen.

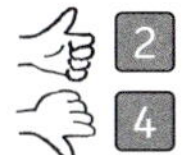
2
4

20 Die Farbe eines Lichtschwerts wird durch ein Stück Holz im Griff bestimmt.

7
5

21 Lichtschwerter haben einen etwa 30 cm langen Griff.

4
6

22 Die Farbe wird durch einen Kristall im Griff bestimmt.

7
3

23 Sie leuchten in verschiedenen Farben

6
12

24 Laserschwerter und Lichtschwerter sind nicht dasselbe.

8
3

Cheyenne und ich sind dagegen absolut friedliebende Menschen, aber manchmal müssen auch wir uns einfach verteidigen! Aber wir machen das natürlich nicht mit Waffen, sondern mit Köpfchen!

Mit **Intelligenz** ist gemeint, dass der Mensch etwas erkennen und verstehen kann. Das Wort kommt von dem lateinischen Wort „intellegere". Es bedeutet „verstehen" oder wörtlich „zwischen etwas wählen". Wissenschaftler sind sich aber nicht einig, was Intelligenz genau ist.
Dank der Intelligenz sehen Menschen, wenn Dinge einander ähnlich sind. Menschen können sich erinnern, lernen und lange vorausplanen. Auch bei Tieren gibt es Intelligenz. Allgemein sagt man aber, dass nur Menschen wirklich intelligent sind, während Tiere einen Instinkt haben.

STIMMT DAS?

Nr.	Aussage	stimmt	stimmt nicht
1	Intelligenz bedeutet verstehen.	21	23
2	Wissenschaftler sind sich einig, was Intelligenz genau ist.	22	20
3	Tiere haben Instinkte.	23	17
4	Tiere können lange vorausplanen.	13	22
5	Menschen können sich erinnern.	17	19
6	Tiere können verstehen.	19	24
7	Intelligenz kommt von „interlegio".	15	13
8	Intelligenz bedeutet wörtlich „sich an etwas erinnern".	14	15
9	Tiere können sich erinnern.	24	18
10	Dank ihrer Intelligenz erkennen Menschen Ähnlichkeiten.	18	16
11	Die Wissenschaft ist sich uneinig darüber, was Intelligenz genau ist.	16	21
12	Intellegere" bedeutet wörtlich „zwischen etwas wählen".	14	20

WAS STIMMT?

13 Nymphensittiche werden wie groß? 20–23 cm 7 30–32 cm 9 32–39 cm 11

14 Sie werden zwischen 1–2 Jahre 10 10–20 Jahre 7 100–200 Jahre alt 2

15 Sie wiegen zwischen 8–10g 12 800–1000g 1 80–100g 11

16 Ihr Charakter ist lebhaft, unfreundlich, streitlustig 3 ausgeglichen, freundlich, hilfsbereit 4 lebhaft, freundlich, intelligent 10

17 Ihr Gefieder ist violett, grau, weiß 5 rot, blau, grün 9 gelb, grau, weiß 2

		👍	👎
18	Nymphensittiche sind sehr leise Tiere.	7	12
19	Sie kommen ursprünglich aus Australien.	1	11
20	Nymphensittiche sind sprachbegabt.	10	3
21	Sie sollten möglichst paarweise gehalten werden.	6	2
22	Sie sind eher handzahm.	8	4
23	Nymphensittiche sind ziemlich laute Tiere.	4	1
24	Sie können mehrere Sprachen sprechen.	9	5

Völlig **unintelligent** hingegen war die Ziege auf dem Bauernhof, die erst versucht hat mich umzurennen und dann mit dem Kopf mit **Karacho** gegen einen Baum gedonnert ist …

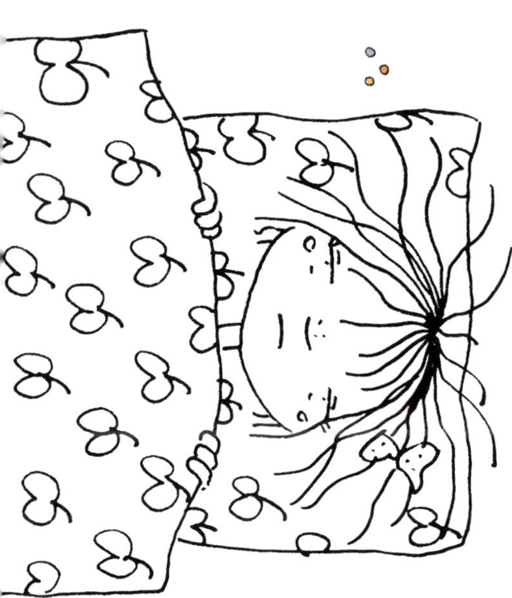

Ziegen sind freundliche und neugierige Tiere. Sie leben meist in gebirgigen Gegenden. Sie klettern hervorragend und fressen gerne ab und an Gras. Viel lieber aber fressen sie stachelige Büsche und Sträucher. Sie knabbern an allem herum, was ihnen in die Quere kommt. Ziegen sind Wiederkäuer und haben oben in ihrem Maul keine Zähne, sondern nur unten!

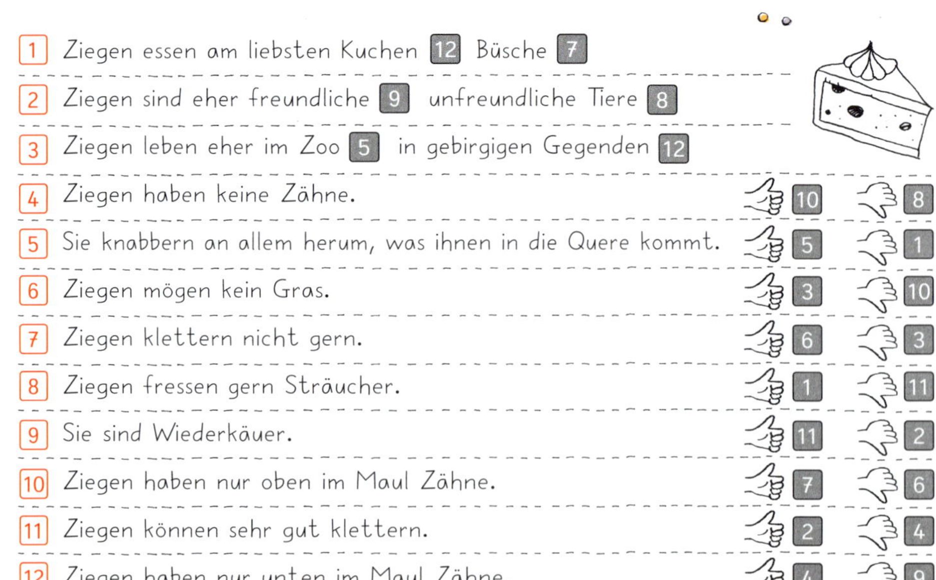

1	Ziegen essen am liebsten Kuchen 12 Büsche 7		
2	Ziegen sind eher freundliche 9 unfreundliche Tiere 8		
3	Ziegen leben eher im Zoo 5 in gebirgigen Gegenden 12		
4	Ziegen haben keine Zähne.	👍 10	👎 8
5	Sie knabbern an allem herum, was ihnen in die Quere kommt.	👍 5	👎 1
6	Ziegen mögen kein Gras.	👍 3	👎 10
7	Ziegen klettern nicht gern.	👍 6	👎 3
8	Ziegen fressen gern Sträucher.	👍 1	👎 11
9	Sie sind Wiederkäuer.	👍 11	👎 2
10	Ziegen haben nur oben im Maul Zähne.	👍 7	👎 6
11	Ziegen können sehr gut klettern.	👍 2	👎 4
12	Ziegen haben nur unten im Maul Zähne.	👍 4	👎 9

STIMMT DAS?

13 Helden sind stark und mutig. — 19 / 18

14 Helden tun immer etwas Besonderes. — 21 / 14

15 Ursprünglich waren Helden Kämpfer. — 23 / 22

16 Helden sind feige. — 17 / 20

17 Im alten Griechenland gab es „Helden des Alltags". — 13 / 15

18 Über Helden wurden viele Geschichten geschrieben. — 24 / 19

19 Helden des Alltags helfen zum Beispiel fremden Menschen. — 16 / 21

20 Helden sind eher ängstlich. — 23 / 13

21 Alltagshelden sind keine Helden. — 20 / 17

22 Helden mussten gegen Monster kämpfen. — 22 / 15

23 Geschichten über Helden heißen auch Heldensagen. — 14 / 24

24 Helden sind oft klug. — 18 / 16

Eine Heldin oder ein Held ist jemand, der etwas Besonderes getan hat. Helden zeigen großen Mut. Oft sind sie außerdem besonders stark oder klug. Dadurch werden sie berühmt. Ursprünglich waren Helden Kämpfer. Sie mussten zum Beispiel gegen ein Monster kämpfen. Im alten Griechenland wurden Helden fast so verehrt wie Götter. Man schrieb Geschichten über sie. Sogenannte Heldensagen.
Heute gibt es auch „Helden des Alltags". Sie machen etwas, das gar nicht besonders aussieht, aber trotzdem eine große Tat ist. So ein Held hilft zum Beispiel fremden Menschen.

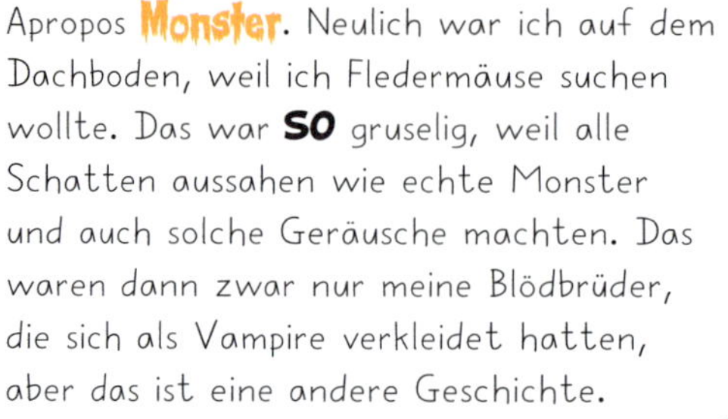

Monster sind Fabelwesen, die Angst machen. Meistens sind sie nur ausgedacht, zum Beispiel für einen Film oder ein Buch. Manchmal nennt man einen bösartigen Menschen ein Monster. Das Wort kommt vom lateinischen „monere", das „mahnen" bedeutet. Gemeint war bei den Römern ein missgestaltetes Tier. Das konnte zum Beispiel ein Schaf mit fünf Beinen sein. Das Tier war eine Warnung der Götter, dass etwas Schlimmes passieren wird.

Für Monster gibt es viele Beispiele aus der Literatur und Kunst. Dazu gehören zum Beispiel der Drache in mittelalterlichen Geschichten. Oder auch Frankenstein, Dracula oder Godzilla.

STIMMT DAS?

Nr.	Aussage	👍	👎
1	Monster kommt von „monere", das heißt „mahnen".	19	22
2	Drachen zählen auch zu den Monstern.	23	20
3	Monster gibt es erst seit 100 Jahren.	15	22
4	Drachen kommen in Filmen und Büchern vor.	20	24
5	Dracula zählt nicht zu den Monstern.	18	15
6	Frankenstein war ein fünfbeiniges Schaf.	14	24
7	Monster sind Fabelwesen.	18	21
8	Geheimnisvolle Menschen nennt man manchmal Monster.	16	14
9	Im Lateinischen heißt Schaf übersetzt Monster.	13	21
10	Schon die alten Römer kannten Monster.	16	17
11	Monster kommt von „moneten", das bedeutet Geld.	14	13
12	Monster sind in der Regel ausgedacht.	17	23

Dracula ist eine Figur aus Romanen und Filmen. Er ist der wohl bekannteste Vampir: ein Mensch, der eigentlich tot ist, aber nachts immer noch herumläuft. Dracula stammt angeblich aus Transsylvanien. Das liegt heute in Rumänien. Geschichten über Vampire gibt es schon sehr lange. Der Name Dracula könnte von einem rumänischen Herrscher stammen, der im Mittelalter lebte. Einen „Graf Dracula" als Romanfigur kennt man erst seit dem Jahr 1897: Damals erschien der Roman „Dracula" von Bram Stoker. Bram Stoker hatte von einem Fürsten gehört, dessen Namen angeblich „Dracula" war: Das soll Teufel bedeuten. Ein solcher Fürst lebte tatsächlich in Transsylvanien.

STIMMT DAS?

Nr.	Aussage	👍	👎
13	Dracula ist ein Vampir.	8	4
14	Den Roman „Dracula" schrieb Frankenstein.	2	12
15	Die Geschichte von Graf Dracula erschien erstmalig 1987.	11	9
16	Einen Herrscher namens Dracula gab es vielleicht wirklich.	7	3
17	Dracula soll „Zahn" bedeuten.	1	5
18	Transsylvanien liegt heute in Bayern.	8	10
19	Der Roman „Dracula" wurde von Bram Stoker geschrieben.	6	9
20	Dracula soll von „Teufel" kommen.	1	12
21	Transsylvanien liegt in Rumänien.	3	7
22	Geschichten von Vampiren gibt es erst seit 100 Jahren.	10	11
23	Vampire schlafen nachts und laufen tagsüber herum.	5	2
24	Vampire laufen herum, obwohl sie eigentlich tot sind.	4	6

Vampire gibt es übrigens wirklich, also Vampirfledermäuse. Allerdings nur in Südamerika, bei uns leben nur die harmlosen Sorten. Woher ich das weiß? Von **Paul**! Der hat nämlich ganz viele Bücher über Fledermäuse. Und gelesen hat er sie auch.

Fledermäuse sind die einzigen Säugetiere, die fliegen können. Sie haben Flügel, aber keine Federn. Der Name Fledermaus kommt von „flattern". Die meisten Fledermausarten fressen Insekten. Fledermäuse sind nachts wach und schlafen am Tag. Dabei hängen sie kopfüber in Bäumen, Höhlen oder auf Dachböden. In Europa sind alle Fledermausarten gefährdet. Sie sind deshalb streng geschützt. Sie haben nur ein Jungtier im Jahr. Zudem gibt es immer weniger geeignete Dachböden als Nachtquartier.

Nr.	Aussage	👍	👎
1	Fledermäuse sind die einzigen Säugetiere, die Federn haben.	20	19
2	Die meisten Fledermäuse fressen Insekten.	21	17
3	Der Name Fledermaus kommt von „zerfleddern".	22	24
4	Fledermäuse sind die einzigen Säugetiere, die fliegen können.	20	13
5	Sie schlafen nachts und sind tagsüber wach.	15	17
6	Fledermäuse haben mindestens zwei Jungtiere im Jahr.	18	22
7	Sie sind nicht gefährdet.	19	15
8	Fledermäuse sind streng geschützt.	13	14
9	Sie haben Flügel, aber keine Federn.	23	16
10	Es gibt immer mehr geeignete Dachböden für Fledermäuse.	21	18
11	Beim Schlafen hängen sie kopfüber.	14	24
12	Fledermäuse schlafen am Tag.	16	23

Zum Geburtstag hab ich mir genau deshalb einen Fledermauskasten gewünscht (und eine Tierpatenschaft für ein total niedliches Orang-Utan-Baby). Und was hab ich bekommen? Ein **Insektenhotel** (und die Tierpatenschaft für eine **Kihansi-Gischtkröte**, ja, ihr lest richtig).

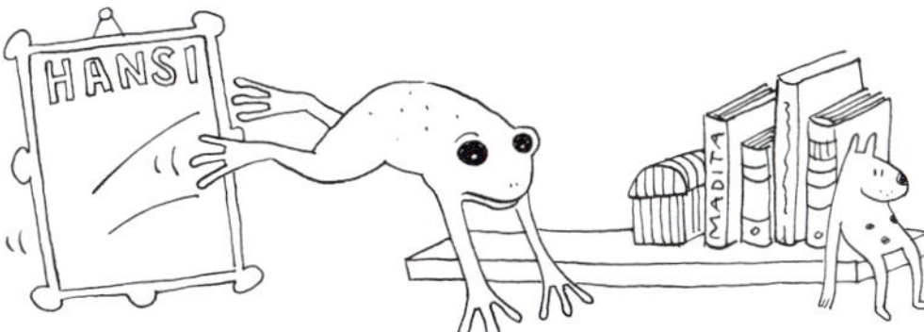

Die Kihansi-Gischtkröte ist in freier Natur ausgestorben. Die Art überlebte aber in Zoos. Jetzt werden sie wieder in ihre ursprüngliche Heimat gebracht. Die Kröten leben in einem etwa 2 Hektar großen Gebiet in der Nähe eines Wasserfalls des Kihansi-Flusses. Dieser befindet sich in Tansania, das ist in Afrika. Ein Staudamm legte 1999 den Wasserfall trocken. Die Tiere starben 2004 aus. Heute wird das Gebiet künstlich feucht gehalten und hunderte Gischtkröten wurden ausgewildert. Die Aktion war erfolgreich.

STIMMT DAS?

13 Die Kihansi-Gischtkröte kommt ursprünglich aus Tansania.

14 Sie lebte dort am Kihansi-Fluss.

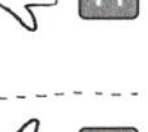

15 In der Nähe eines Staudamms.

16 Die Kröte ist 1955 ausgestorben.

17 Sie überlebte in Schwimmbädern.

18 Sie überlebte in Zoos.

19 Eine Autobahn legte den Wasserfall trocken.

20 Heute gibt es keine Gischtkröten mehr in Tansania.

21 Die Gischtkröte lebt heute wieder in Tansania.

22 Ein Staudamm legte 1999 den Wasserfall trocken.

23 Die Tiere starben 2014 aus.

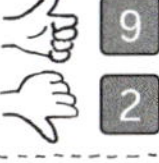

24 Das Gebiet, in dem die Kröte in Tansania lebt, ist 4 Hektar groß.

Ein Zoo ist ein Ort, an dem Tiere in Gehegen leben. Dort können Besucher sie sich anschauen. Die Tiere werden von Menschen gepflegt und gefüttert. Das Wort kommt von "Zoologischer Garten". Die Zoologie ist die Wissenschaft, die sich mit Tieren beschäftigt. Man kann auch Tierpark sagen. Schon vor Tausenden von Jahren haben Menschen wilde Tiere gehalten. Heute sagen die Besitzer von Zoos: Die Besucher sollen nicht nur in den Zoo kommen, weil es ihnen Spaß macht, Tiere zu sehen. Die Besucher sollen auch etwas lernen.

STIMMT DAS?

Nr.	Aussage	👍	👎
1	Im Zoo werden die Menschen gepflegt und gefüttert.	23	22
2	Das Wort Zoo kommt von „Zoologischer Garten".	20	21
3	Die Zoologie ist die Wissenschaft, die sich mit Tierparkbesuchern beschäftigt.	17	23
4	Früher haben die Menschen keine wilden Tiere gehalten.	13	21
5	Im Zoo kann man nichts lernen.	24	17
6	Im Zoo leben Tiere in Gehegen.	19	15
7	Ein Tierpark ist kein Zoo.	16	13
8	Zoologie nennt man die Wissenschaft, die sich mit Tieren beschäftigt.	15	18
9	Im Zoo soll man keinen Spaß haben.	22	24
10	Schon vor Tausenden von Jahren haben Menschen wilde Tiere gehalten.	18	14
11	Im Gehege leben die Tierpfleger.	17	16
12	Im Zoo können die Besucher Spaß haben und etwas lernen.	14	20

Schimpansen sind Menschenaffen.
Sie gehören zu den Säugetieren. Sie sind auch die nächsten Verwandten der Menschen. In der Natur leben sie nur in der Mitte von Afrika.
Schimpansen sind die kleinsten Menschenaffen. Im Stehen sind sie etwa so groß wie ein kleiner Mensch. Ihre Arme sind länger als die Beine. Am Kopf tragen sie runde Ohren. Über den Augen haben sie dicke Wülste aus Knochen. Schimpansen suchen ihre Nahrung meist auf Bäumen. Sie fressen eigentlich alles, meist aber Früchte und Nüsse. Sie mögen aber auch Blätter, Blüten und Samen.

STIMMT DAS?

Nr.	Aussage	👍	👎
13	In der Natur kommen Schimpansen auf der ganzen Welt vor.	11	9
14	Sie gehören zu den Säugetieren.	7	2
15	Schimpansen ernähren sich hauptsächlich von Insekten.	10	11
16	Sie können so groß werden wie ein sehr großer Mensch.	12	10
17	Schimpansen gehören zu den Menschenaffen.	2	1
18	Schimpansen sind die größten Menschenaffen.	6	12
19	Am Kopf tragen sie runde Ohren.	1	4
20	Ihre Nahrung suchen sie meist auf Bäumen.	4	8
21	Schimpansen mögen keine Blätter.	5	6
22	Schimpansen können so groß werden wie ein kleiner Mensch.	8	3
23	Sie fressen gern Blüten und Samen.	3	7
24	Unter den Augen haben sie dicke Wülste aus Knochen.	9	5

Afrika ist ein Kontinent der Erde. Nur Asien ist noch größer als Afrika. In Afrika gibt es 54 verschiedene Länder. Der Norden von Afrika besteht vor allem aus der Wüste Sahara. Die Mitte Afrikas hat viel Urwald. Das ist Regenwald, da ist es immer feucht und heiß. Ganz unten im Süden gibt es wieder mehr Wüste und etwas kühlere Gegenden.
Der längste Fluss in Afrika ist der Nil. Die ersten Menschen der Welt stammen wahrscheinlich aus Afrika. Deshalb nennt man Afrika auch „die Wiege der Menschheit". Hier ist die Menschheit sozusagen geboren worden.

STIMMT DAS?

		👍	👎
1	Afrika ist größer als Asien.	4	11
2	In der Mitte Afrikas gibt es viel Urwald.	7	12
3	In Afrika leben 54 verschiedene Völker.	10	4
4	Die Wüste Sahara befindet sich im Süden Afrikas.	8	12
5	Afrika ist ein Kontinent.	10	1
6	Die ersten Menschen stammen aus Amerika	5	8
7	Im Regenwald ist es immer feucht und kalt.	3	1
8	Der längste Fluss Afrikas ist der Amazonas.	9	5
9	Man nennt Afrika auch Wiege der Menschheit	3	6
10	Der längste Fluss in Afrika ist der Nil.	9	2
11	Afrika besteht aus 54 verschiedenen Ländern.	6	11
12	Im Süden Afrikas gibt es keine Wüsten.	7	2

Die ersten **Menschen** von der Art homo sapiens lebten vor ungefähr 200.000 Jahren in Afrika. Diese Zeit nennt man auch Steinzeit. Sie dauerte sehr lange. Während der Steinzeit verbreiteten sich die Menschen über alle Kontinente. Alle Menschen, die heute leben, gehören zu der Art homo sapiens. Besonders am Menschen ist, dass er Sprache und Kultur kennt. Er kann über sich und seine Umgebung nachdenken. Außerdem kann er lange für die Zukunft planen. Menschen sind bei der Geburt sehr unreif. Sie können noch nicht ohne fremde Hilfe überleben und sind noch lange Zeit Kind.

STIMMT DAS?

Nr.	Aussage	Stimmt	Stimmt nicht
13	Alle Menschen, die heute leben, gehören zu der Art homo sapiens.	23	19
14	Die ersten Menschen dieser Art lebten in Afrika.	19	13
15	Das war vor mehr als 500.000 Jahren.	24	16
16	Diese Zeit nennt man auch Eisenzeit.	14	24
17	Sprache und Kultur unterscheidet den Menschen vom Tier.	13	15
18	Die Steinzeit dauerte sehr lange.	15	21
19	Menschen werden reif geboren.	17	14
20	Sie sind nicht lange Kind.	18	17
21	Die ersten Menschen von der Art homo sapiens lebten vor 200.000 Jahren.	21	20
22	Während der Steinzeit verbreiteten sich die Menschen über alle Kontinente.	20	22
23	Menschen können nicht lange vorausplanen.	23	18
24	Der Mensch ist bei der Geburt unreif und kann ohne fremde Hilfe nicht überleben.	22	16

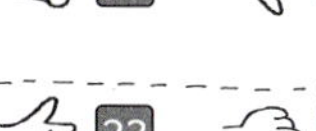

Glück ist ein Gefühl. Wer glücklich ist, ist zufrieden mit sich und damit, wie er lebt. Was Glück genau ist und wie man glücklich wird, damit beschäftigen sich auch die Wissenschaften und die Religionen. Das deutsche Wort Glück stammt aus dem Mittelalter. „Gelücke" bedeutete eigentlich, dass etwas gut ausgeht. Das Gegenteil ist Unglück. Dieses Wort verwendet man auch für einen Unfall. Manchmal geht es beim Wort Glück darum, dass die Menschen zufrieden sind, manchmal, dass sie Glück haben, dass zufällig etwas Gutes passiert ist. Viele Leute werden glücklich, wenn sie Freunde haben und fühlen, dass andere sie mögen. Glücklich macht es oft, wenn man selbst bestimmen kann, wie man lebt.

Und genau das will ich auch noch eine ganze Weile: ein **glückliches Kind** sein! (Auch wenn das manchmal gar nicht so einfach ist.)

1 Das Wort Glück stammt aus dem Mittelalter. — 23 / 24

2 Glück ist ein Gefühl. — 19 / 18

3 Wer selbst bestimmen muss, wie er lebt, ist eher unglücklich. — 20 / 21

4 Wer glücklich ist, ist zufrieden mit sich. — 24 / 23

5 Das Thema Glück wird auch wissenschaftlich untersucht. — 16 / 17

6 Das Wort Glück kommt aus dem Lateinischen. — 19 / 20

7 Glück kann auch zufällig sein. — 13 / 14

8 Den Religionen ist Glück egal. — 16 / 17

9 Das Gegenteil von Glück ist Freude. — 21 / 22

10 Das Wort Glück kommt von „Gelücke". — 15 / 13

11 Wenn andere einen mögen, macht das glücklich. — 18 / 22

12 Freunde machen glücklich. — 14 / 15